AF463214

DE L'EXERCICE DE LA SOUVERAINETÉ

DU MANDAT

PAR

E. H. FREEMAN

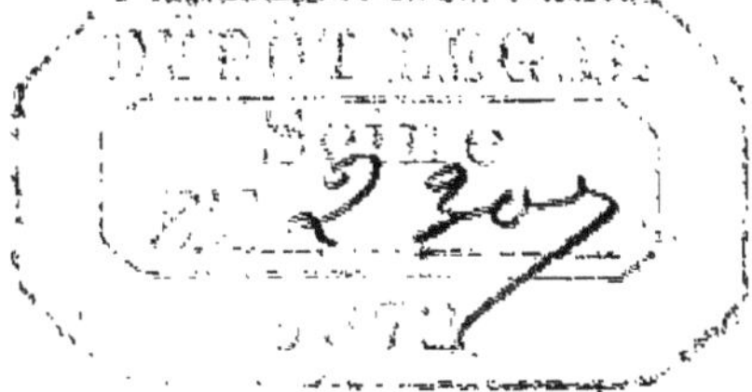

5 centimes.

PARIS
LIBRAIRIE DÉMOCRATIQUE
33, RUE MONTMARTRE, 33

1872

DE L'EXERCICE

DE

LA SOUVERAINETÉ

II

DU MANDAT

Le gouvernement direct à tous les degrés, dans la commune, dans le département, dans l'Etat, tel est le programme que nous avons tracé; tel doit être, suivant nous, le but des sociétés modernes, et surtout de la France qui, pour avoir laissé confisquer tous ses droits les plus essentiels par les divers pouvoirs qui l'ont gouvernée depuis quatre-vingts ans, est arrivée successivement à un état de désorganisation tel, que M. Thiers a cru devoir le constater dans son message du 14 septembre à l'Assemblée nationale. C'est la condamnation la plus péremptoire du système suivi jusqu'à présent.

Le moment est venu de rendre à César ce qui

est à César, c'est-à-dire au Peuple ce qui est au Peuple.

Le Peuple, ce n'est pas telle ou telle caste, telle ou telle classe; nous n'entendons pas désigner par cette dénomination les parias de la société, plutôt que les favorisés de la fortune; pour nous, le Peuple, ce n'est personne, quand ce n'est pas tout le monde, la nation toute entière, l'universalité des citoyens.

La souveraineté a été exercée en France, depuis la Révolution de 1789, tantôt par un monarque ayant un pouvoir absolu, tantôt par un roi assisté de chambres participant plus ou moins à l'autorité souveraine, tantôt par une assemblée à côté de laquelle fonctionne le pouvoir exécutif. Aucune de ces formes n'a résolu le problème du gouvernement de tous par tous, n'a donné la formule de l'exercice de la souveraineté nationale par la nation.

Il ne pouvait en être autrement, du moment où l'étendue des pouvoirs du gouvernement était mesurée par ceux-là même qui en étaient les possesseurs.

Le mode le plus avancé qu'aient encore trouvé les hommes qui s'intitulent *libéraux*, c'est ce qu'ils appellent le gouvernement représentatif. La base de ce gouvernement, c'est le MANDAT. A certaines époques plus ou moins rapprochées, la nation est convoquée dans ses comices pour nommer des députés ou représentants; les citoyens exercent leur droit de souveraineté tout juste le temps d'écrire leur bulletin de vote et de le déposer dans l'urne électorale ; puis le droit souverain continue à être attribué platoniquement par la nation, mais l'exercice en est confié à ses représentants ou mandataires, sans que rien oblige ceux-ci à tenir compte des indications ou des aspirations de leurs mandants, sans que ceux-ci puissent leur demander compte de leurs actes, si ce n'est le jour où il y a lieu de renouveler le mandat.

Tout le monde se rappelle deux lithographies se faisant pendant, qui ont été publiées à la fin du règne de Louis-Philippe, et qui représentaient, l'une, un candidat à la députation en tournée électorale, l'autre, le même candidat, devenu député et descendant les marches du grand escalier du Palais-Bourbon. Dans la première, le candidat se présente, le chapeau à la main, chez un de ses électeurs censitaires, brave campagnard à l'air narquois, occupé à donner ses soins à ses bestiaux. Le candidat arrondit l'échine et fait la bouche en cœur ; il semble préférer l'odeur des étables aux plus suaves parfums ; au moindre signe, il aiderait l'Electeur à donner la provende aux vaches, ou même à recueillir leur fumier. Aucun scrupule, aucun sacrifice, aucune promesse ne coûtent, quand il s'agit de quêter une voix. Mais que les rôles sont changés dans la seconde lithographie : le pauvre campagnard a été appelé à Paris par une affaire qui entraîne des démarches dans tel ou tel ministère ; on lui avait promis de faire diminuer les impôts, ils sont augmentés; on lui avait promis de faire exempter son fils, lors du tirage au sort; le fils est contraint de rejoindre les drapeaux; on lui avait promis tout ce qui peut et ne peut pas se promettre, et on n'a rien tenu; il a attendu « son député » à la porte du Palais-Bourbon, car l'accès même de la salle des Pas-Perdus est interdit à un si mince personnage; enfin la séance finit; il aperçoit son demi-dieu qui descend majestueusement le perron, le chapeau sur la tête, raide comme un homme qui exerce une fraction de souveraineté. Humblement, courbé jusqu'à terre, le chapeau à la main, notre électeur, souverain la veille, maintenant réduit à zéro jusqu'aux prochaines élections, présente sa requête à son mandataire, qui l'écoute à peine sans vouloir le reconnaître et sans même le regarder, et semble lui répondre que, absorbé par les grands intérêts de l'Etat, il ne peut détourner une parcelle de son attention sur les affaires de Jacques Bonhomme.

Hier et *Aujourd'hui*, tel était le titre de ces deux lithographies qui étaient une satire trop réelle des mœurs politiques de cette époque. Le suffrage universel n'en a changé que la forme; aujourd'hui encore, on promet tout ce que les électeurs veulent demander; demain, on leur répondra qu'on n'a pas accepté de mandat impératif et qu'on ne relève que de sa conscience.

C'est fort bien; mais, en ce cas, en qui réside la souveraineté? Est-ce dans la personne du mandant, ou dans celle du mandataire?

Qu'est-ce d'abord que le mandat? Ouvrons le code civil : il va nous l'apprendre.

L'art. 1984 définit ainsi le mandat : « C'est un acte par lequel une personne donne à une autre le pouvoir de faire quelque chose pour le mandant et en son nom.

« Art. 1987. Il est ou spécial et pour une affaire ou certaines affaires seulement, ou général et pour toutes les affaires du mandant.

« Art. 1988. Le mandat conçu en termes généraux n'embrasse que les actes d'administration. S'il s'agit d'aliéner ou hypothéquer, ou de quelqu'autre acte de propriété, le mandat doit être exprès.

« Art. 1989. Le mandataire ne peut rien faire au-delà de ce qui est porté dans son mandat; le pouvoir de transiger ne renferme pas celui de compromettre. »

Avant d'aller plus loin, examinons ces quatre articles, et appliquons-en le texte au mandat politique.

Le mandat politique se distingue du mandat civil, en ce que celui-ci s'applique à des affaires individuelles, au lieu que le premier a pour objet les affaires de la collectivité; par conséquent, le mandataire ne doit pas compte de l'emploi de son mandat à l'individu, mais à l'ensemble des électeurs de qui il tient ce mandat.

Il est donc manifeste que si le droit de demander compte du mandat ne peut être exercé par l'individu isolé, il peut l'être par la collectivité.

Exemple : M. X (bien des noms se présentent à notre plume, mais nous n'en voulons écrire aucun) a sollicité les suffrages des électeurs, en leur promettant de voter pour le maintien de la République et du suffrage universel, pour la diminution des dépenses, pour l'instruction obligatoire et laïque, pour la suppression des armées permanentes, pour la séparation de l'Eglise et de l'Etat, etc.

En raison de ces promesses contenues dans sa profession de foi, M. X est élu ; mais, au lieu d'accomplir son mandat, il vote pour la monarchie, pour une nouvelle loi du 31 mai, pour l'augmentation des dépenses, pour le budget des cultes, pour l'instruction par les congrégations, etc. ; en un mot, il trahit la confiance de ses électeurs et transforme en mandat monarchiste le mandat républicain qui lui a été donné. Peut-on admettre qu'il ne doive aucun compte à ses mandants d'une conduite si opposée à celle qu'ils ont voulu lui imposer ? S'il ne lui plaît pas de déposer son mandat et de se soumettre de nouveau aux suffrages de ses électeurs, il aura droit de l'exercer jusqu'à la fin de sa législature ? Mais, si une pareille théorie était admise, elle serait le renversement de toutes les lois morales, et elle justifierait tous les excès auxquels pourraient se laisser entraîner des électeurs si indignement trompés.

Continuons l'examen des dispositions du code civil; c'est le meilleur guide en ces matières :

« Le mandat est spécial et pour certaines affaires seulement. »

Dans ce cas, il est limité, déterminé; tel devrait être le mandat politique, pour sauvegarder la souveraineté imprescriptible du mandant.

« Ou bien il est général; mais, dans ce dernier cas, il n'embrasse que les actes d'administration. S'il s'agit d'aliéner, ou de quelqu'autre acte de propriété, le mandat doit être exprès. »

Ainsi pour vendre, ou même pour hypothéquer un immeuble, il faudra un mandat spécial, et il n'en faudra pas pour les actes les plus importants de la vie politique.

« Le mandataire ne peut rien faire au-delà de ce qui est porté dans son mandat, le pouvoir de transiger ne renferme pas celui de compromettre. »

N'est-ce pas là, en termes formels, le mandat impératif?

Le code civil va nous apprendre maintenant quelles sont les obligations du mandataire :

« Il est tenu d'accomplir le mandat tant qu'il en est chargé.

« Il est tenu de rendre compte de sa gestion. »

Les obligations du mandant sont aussi clairement définies.

« Il est tenu d'éxécuter les engagements contractés par le mandataire, conformément au pouvoir qui lui a été donné.

« Il n'est tenu de ce qui a pu être fait au delà, qu'autant qu'il l'a ratifié expressément ou tacitement. »

Quant à la manière dont le mandat finit, elle est également indiquée clairement : « il finit par la révocation du mandataire et par la renonciation de celui-ci au mandat. — Le mandant peut révoquer sa procuration quand bon lui semble. »

Si donc le mandat politique est vraiment un mandat, dans le sens que le code civil attribue à ce mot, et qu'il est naturel et logique de lui attribuer, il doit être limité et déterminé, et tout ce qui serait fait au delà est soumis à la ratification du mandant, à qui il doit être rendu compte de la gestion, et qui peut quand bon lui semble, révoquer les pouvoirs qu'il a donnés. De plus, le mandataire ne pouvant rien faire au delà de son mandat, sauf ratification, n'en doit-on pas conclure que le mandat est subordonné à la volonté du mandant, en d'autres termes, qu'il est impératif : il l'est, si son caractère est purement civil, pourquoi ne le serait-il pas également, s'il a un caractère politique?

Est-il possible de concevoir une anomalie plus grande que celle d'un mandataire ayant plus de pouvoir que son mandant ? Ce serait une iniquité flagrante, ou il faudrait admettre, ce qui est impossible, que le mandat politique diffère essen-

ment du mandat civil et qu'il est autre chose qu'une simple procuration donnée par la collectivité à un de ses membres. Mais si ce n'est pas une procuration, c'est donc une délégation, ou plutôt un abandon de la part de souveraineté appartenant à chacun des membres de l'association, en faveur de celui à qui a été conféré le mandat. Dans ce cas, la souveraineté ne serait plus imprescriptible et inaliénable ; elle ne résiderait plus dans la nation, mais dans les délégués seulement ; car le droit de souveraineté ne peut être une vaine formule, ce qui le constitue surtout, c'est l'exercice de ce droit.

Comprend-on qu'une procuration formelle, spéciale, soit nécessaire pour les actes les plus insignifiants de la vie privée, par exemple pour représenter quelqu'un devant la justice de paix, pour toucher une somme minime, etc., et que ce mandat spécial, obligatoire pour le mandataire, ne soit pas exigé quand il s'agit des actes les plus importants de la vie politique, de faire une constitution, des lois organiques ; nous ne dirons pas de voter sur la forme du gouvernement, car nous ne reconnaissons qu'une forme naturelle fondée sur la justice, la République ; toute monarchie, quelque tempérée qu'elle soit, est une usurpation de pouvoirs, la souveraineté du peuple étant inaliénable, et personne ne pouvant disposer de sa propre liberté ni, à plus forte raison, de celle de son semblable.

Or, puisque le mandat politique est réellement

un mandat ; par une conséquence logique, il est forcément impératif et doit être déclaré révocable à la volonté des mandants.

Comment peut se faire cette révocation ? par l'expression libre de la volonté des électeurs ou au moins d'un groupe assez considérable (dont la loi fixerait la quotité) pour qu'il y ait présomption que le député ne représente plus l'opinion de ses mandants ; et dès lors ceux-ci devraient être appelés à vider le différend, c'est-à-dire à réélire leur député ou à en nommer un nouveau. La révocabilité du mandataire est, en effet, la sanction du mandat.

Nous ajouterons que la nation, en qui réside la souveraineté, ayant le droit de l'exercer par des mandataires, doit être laissée libre de l'exercer directement, si cet exercice direct est demandé par un certain nombre de citoyens à fixer par la loi.

On a, depuis une vingtaine d'années, eu plusieurs fois recours à la manifestation de la souveraineté nationale, par voie d'appel au peuple, de plébiscite. L'appel au peuple a été longtemps la formule d'une fraction du parti légitimiste, c'est aujourd'hui le cheval de bataille du parti bonapartiste qui y cherche les moyens de se faire absoudre des désastres qu'il a amoncelés sur notre malheureux pays.

L'appel au peuple est, en effet, une voie permise ; mais comment peut-il être fait ? là est toute la question, car ce mode est juste ou injuste suivant qu'il émane de l'autorité législative ou du pouvoir exécutif qui, subordonné à la première et n'étant que son agent,, ne peut avoir d'autre volonté que la sienne.

Que le pouvoir législatif soumette à la sanction populaire une constitution, une loi importante, une décision grave, intéressant le pays, comme une question de paix ou de guerre, etc., c'est son droit et son devoir, puisque, mandataire, il rend compte de son mandat à son mandant dont il demande l'avis ou la ratification.

Mais que le pouvoir exécutif fasse directement appel au peuple, voilà ce qu'on ne saurait admettre, car il ferait un acte législatif, et il usurperait ainsi des fonctions qui ne sauraient lui appartenir. Le pouvoir exécutif ne tient pas son autorité directement du peuple, mais des mandataires du peuple ; il est responsable seulement vis-à-vis de ceux-ci qui, à leur tour, sont responsables vis-à-vis de la nation. Vouloir faire sortir du suffrage universel ces deux pouvoirs dont l'un doit être subordonné à l'autre, ce serait renouveler la faute commise par les constituants de 1848, et rendre inévitables des conflits, des coups d'État.

D'ailleurs, le pouvoir exécutif ne peut faire appel au peuple, comme en 1851, *que pour un fait accompli;* si on examine les conditions dans lesquelles le peuple doit répondre, on reconnaîtra sans peine que cette réponse ne peut être considérée comme libre. Le pouvoir exécutif usurpe des pouvoirs qui ne lui appartiennent pas : il renverse une assemblée placée au-dessus de lui, et se substitue à elle. Demande-t-il la nomination d'une nouvelle assemblée? il n'en a pas le droit. Demande-t-il la ratification de son usurpation de pouvoirs ? il a commis un crime de lèse-nation ; ce n'est pas à lui, coupable, de demander l'absolution d'un crime qui ne saurait être absous. Et dans quelles conditions demande-t-il cette absolution? Il dispose d'une armée de cinq cent mille fonctionnaires qui, par tous les moyens possibles, vont peser sur le vote, car leur sort est entre les mains du pouvoir exécutif; et si, malgré cette pression qui s'exerce de toutes parts, le peuple refuse d'absoudre, le pouvoir exécutif se mettra-t-il lui-même en accusation? rappellera-t-il l'assemblée qu'il aura dissoute? ou bien, poursuivant son usurpation, ne prendra-t-il pas en mains la dictature pour l'exercer à son profit? C'est toujours ainsi qu'agissent les usurpateurs. Il importe donc de rendre les usurpations impossibles, et pour cela il faut que le peuple, concentrant en ses propres mains l'autorité, n'en laisse que le moins possible à ses représentants et aux agents de ceux-ci ; qu'il repousse tout appel qui ne lui serait pas fait par ceux qui ont le devoir de le consulter, et qu'en cas de conflit il reprenne en mains tous les pouvoirs, et montre qu'il n'y a qu'un seul souverain légitime : LE PEUPLE.

Il nous reste à parler d'un mode d'exercice

de la souveraineté reconnu en droit et méconnu en fait, nous voulons dire *le droit de pétition*.

Chaque citoyen individuellement a le droit d'adresser des pétitions à l'Assemblée nationale, mais ce droit est dénié aux corps constitués : un conseil communal, un conseil d'arrondissement, un conseil général, ne peuvent, sous forme de vœux, adresser de pétitions au gouvernement, qu'autant que ces vœux ou pétitions n'ont pas de caractère politique; mais les mêmes conseillers municipaux, les mêmes conseillers d'arrondissement ou de département, agissant comme simples particuliers, peuvent formuler ces pétitions.

Pourquoi cette différence? En quoi la fonction peut-elle empêcher l'exercice des droits de citoyens? On répond que les conseils ci-dessus indiqués n'ayant pas d'attributions politiques, sortiraient de ces attributions en faisant des actes politiques. Mais un vœu, une pétition, ne sont pas des actes; ils sont même la reconnaissance implicite de ce fait que le droit de faire les actes demandés appartient à un autre pouvoir.

Sans doute, la loi ôtant à ces conseils le droit d'adresser des vœux politiques, ils ne sauraient les formuler utilement. Et cependant, voyez comme la logique est impitoyable et reprend toujours ses droits : des vœux ont été votés par des conseils de commune, d'arrondissement ou de département; ils n'ont pas de valeur légale, et un arrêté du chef du Pouvoir exécutif, publié au

Journal officiel et au *Bulletin des lois*, en prononce l'annulation.

Quel est l'effet de cette annulation? De détruire la manifestation légale, mais non de détruire le fait, qui n'en subsiste pas moins, légal ou illégal; car il a une constatation officielle dans l'acte même qui l'annule. Et si les conseils généraux de nos 86 départements votaient un vœu ayant un même but déterminé; n'y aurait-il pas dans ce fait la constatation d'un mouvement d'opinion publique dont le gouvernement serait bien forcé de tenir compte.

Représentants de la nation, n'oubliez jamais que vous êtes seulement des mandataires, et non des maîtres; que la souveraineté réside non en vous, mais dans la nation; facilitez l'exercice de cette souveraineté à tous ceux à qui elle appartient; au lieu de faire des lois restrictives, faites que la liberté seule inspire chacun de vos actes, et vous aurez bien mérité de votre pays.

PARIS. — IMP. VICTOR GOUPY, RUE GARANCIÈRE.

DE L'EXERCICE

DE

LA SOUVERAINETÉ

PAR

E.-H. FREEMAN

5 centimes.

PARIS
LIBRAIRIE DÉMOCRATIQUE
33, RUE MONTMARTRE, 33

1872

DE L'EXERCICE

DE

LA SOUVERAINETÉ

Aucune question n'a donné lieu à autant de controverse que celle de l'exercice de la souveraineté, aucune n'a donné lieu à des solutions plus diverses, plus radicalement opposées, chacun la juge avec ses vues particulières, avec la préoccupation de ses besoins et de ses intérêts, avec les préjugés de sa naissance ou de son éducation, son tempérament, ses passions. S'inspirant de pensées si différentes, il est impossible qu'on arrive au même but. Aussi voyons-nous les formes de gouvernement les plus différentes triompher dans des pays qui se touchent, où la civilisation est également avancée, où les besoins paraissent identiques.

Il en était ainsi déjà aux époques les plus reculées de l'histoire; la marche progressive de la civilisation modifiera-t-elle ce phénomène? On a tout lieu de le croire si on considère le changement plus ou moins lent, mais continu, qui s'accomplit chez toutes les nations, et qui tend à les rapprocher d'un type commun, celui de l'égalité réelle des droits. Cette tendance est surtout manifeste en France. Aucun pays n'est plus avancé en théorie; beaucoup le sont d'avantage dans la pratique. La célèbre déclaration des droits de l'homme, du 26 août 1789, a établi ce qui constitue les principes de 89, savoir :

La souveraineté nationale;
La séparation des pouvoirs;
L'égalité civile des citoyens;
La liberté individuelle;
L'inviolabilité du domicile et de la propriété;
La liberté de conscience;
La liberté de la presse;
La liberté de l'industrie;
Le droit d'association et de réunion;
Le droit de pétition;
Le vote de l'impôt par les représentants de la nation;
La responsabilité des agents du pouvoir;
La publicité des débats judiciaires, etc.

Ce qu'on nomme la constitution du 14 janvier 1852 a bien été obligée de déclarer que :

« La Constitution reconnaît, confirme et « garantit les grands principes proclamés en « 1789, et qui sont la base du droit public des « Français. »

Précédemment, la Constitution du 4 novembre 1848, votee par l'Assemblée nationale constituante qui, le 4 mai 1848, avait déclaré à l'unanimité, que la République resterait la forme du gouvernement de la France, définissait, ainsi qu'il suit, dans son préambule, le nouvel état politique de la France :

« La France s'est constituée en république.
« En adoptant cette forme définitive de gouvernement, elle s'est proposé pour but de marcher plus librement dans la voie du progrès et de la civilisation, d'assurer une répartition de plus en plus équitable des charges et des avantages de la société, d'augmenter l'aisance de chacun par la réduction graduée des dépenses publiques et des impôts, et de faire parvenir tous les citoyens, sans nouvelle commotion, par l'action successive et constante des institutions et des lois, à un degré toujours plus élevé de moralité, de lumières et de bien-être. »

Si on relit la nomenclature établie plus haut et si on examine le but que se proposait l'Assemblée constituante de 1848, on reconnaîtra que, comme nous le disions plus haut, la pratique est en France bien loin de la théorie ; nous ne voulons pas, quant à présent, insister sur les droits reconnus, mais restés à l'état de lettre-morte ; ils ne sont plus contestés, c'est déjà un point important. Nous en prenons acte.

Pourquoi les principes de 1789, pourquoi les droits de l'homme, si hautement proclamés, n'ont-ils pas reçu une consécration plus complète? La raison en est toute simple; c'est parce que ceux qui étaient chargés de leur donner une sanction, avaient intérêt à ne pas mettre les faits d'accord avec les principes, parce que la souveraineté n'est pas exercée comme elle devrait l'être, et qu'elle est restée entre les mains d'hommes qui, sciemment ou non, ne voulaient pas que le gouvernement fût accessible à tous et travaillaient de façon à en éliminer le plus grand nombre possible de citoyens; parce que contrairement à la lettre de la Constitution, le privilége formait la base de l'organisation sociale et politique de la France.

« Les savantes recherches sur le droit public, « dit J.-J. Rousseau dans son *Contrat social*, ne « sont souvent que l'histoire des anciens abus, et « on s'est entêté mal à propos quand on s'est « donné la peine de les trop étudier. » Ceci est particulièrement vrai du droit public français; nous ne rechercherons pas ses origines; nous nous bornerons à constater que, né de la monarchie et basé sur elle, il ne pouvait être différent de ce que l'ont fait nos diverses constitutions.

En voici un exemple :

La Constitution de 1791, qui abolit les provinces et répartit le royaume un et indivisible en 83 départements, ceux-ci en districts et en cantons, définissait de la manière suivante les pouvoirs publics :

« La souveraineté est une, indivisible, inalié-

« nable et imprescriptible ; elle appartient à la « nation ; aucune section du peuple, ni aucun in- « dividu ne peut s'en attribuer l'exercice.

« La nation, de qui seule émanent tous les « pouvoirs, ne peut les exercer que par délé- « gation. »

En d'autres termes, la nation est souveraine, mais elle ne peut pas exercer directement sa souveraineté qu'elle est obligée de déléguer à des représentants temporaires élus librement par elle. Quel est, en ce cas, le véritable souverain? Est-ce véritablement la nation? Non; puisque l'acte unique de souveraineté qui lui soit permis, c'est de se démettre de son autorité au profit de délégués qui, seuls, ont le droit et le pouvoir de faire réellement acte de souverains; c'est-à-dire de voter les lois qui doivent obliger la nation entière ?

La Constitution de 1791 était donc en contradiction avec le principe qu'elle voulait consacrer; car si la souveraineté appartient à la nation, et si cette souveraineté, une et indivisible, est inaliénable et imprescriptible, comment concilier ce principe avec le fait de la délégation forcée?

Et comment s'opérait cette délégation? L'Assemblée législative, au profit de laquelle elle était faite, était nommée pour deux ans par des électeurs qui étaient eux-mêmes désignés, dans la proportion de un pour cent citoyens actifs, par les citoyens âgés de 25 ans, payant une contribution directe égale à la valeur de trois iournées de travail, libre de tout état de domesticité et inscrits au rôle des gardes nationales. Les électeurs étaient soumis à un cens électoral plus élevé.

Cette élection à deux degrés, par des électeurs censitaires dans l'un et l'autre degrés, n'était-elle pas encore une dérogation au principe de la souveraineté nationale, une, indivisible, inaliénable et imprescriptible?

Telle qu'elle était, cependant, cette première constitution du peuple français a commencé la période démocratique, et tous les pouvoirs qui se sont succédés en France ont dû tenir compte, dans une certaine mesure, des principes qui y sont inscrits, et dont on peut résumer le but en un mot : gouvernement de la nation par elle-même?

L'acte constitutionnel présenté au peuple français par la Convention nationale, le 24 juin 1793, instituait un corps législatif, représentation nationale nommée à raison d'un député pour 40 mille âmes de population, par les assemblées primaires, et ayant le droit de *proposer des lois* et de *rendre des décrets*.

Les *lois* concernant la législation civile et criminelle, l'administration générale des revenus et dépenses, les domaines nationaux, les monnaies, les contributions publiques, les déclarations de guerre, l'instruction publique, la distribution générale du territoire, étaient proposées par le corps législatif et distribuées à toutes les communes de la République. Quarante jours après l'envoi de la loi proposée, si dans la moitié des départements, plus un, le dixième des assemblées primaires de chacun d'eux, régulièrement formées, n'avait pas réclamé, le projet était accepté et devenait *loi*. En cas de réclamation, le corps législatif convoquait toutes les assemblées primaires.

Les *décrets* portant sur des objets autres que ceux qui font l'objet d'une loi, étaient de la compétence du corps législatif seul.

Le pouvoir exécutif était confié à un conseil exécutif composé de vingt-quatre membres nommés par le corps législatif sur une liste de candidats proposés par l'assemblée électorale des départements; il était renouvelé par moitié à chaque législature, et chargé de l'administration générale et de l'exécution des décrets et lois.

Outre ces deux pouvoirs, il existait un corps électoral qui était désigné par les assemblées primaires, à raison d'un électeur par deux cents citoyens, et chargé de proposer la liste des candidats au conseil exécutif, de choisir les administrateurs, les arbitres publics, ou juges civils, les juges criminels et de cassation.

Cette constitution avait fait faire un pas considérable à la question du gouvernement direct; malheureusement les événements de cette époque ne permirent pas d'en faire une expérience sérieuse, et deux ans après, une nouvelle constitution réformait cette organisation si simple et si naturelle pour la remplacer par deux chambres et un directoire. Puis vinrent les constitutions du Consulat et de l'Empire qui créèrent des corps, instruments serviles de la volonté du maître, et la voix de la nation ne se fit plus entendre. Celles-ci furent, à leur tour, remplacées par la charte octroyée de Louis XVIII, qui fit place elle-même à la charte de 1830 par laquelle le système parlementaire fut essentiellement inauguré.

Pour la plupart des hommes politiques de cette époque, le régime parlementaire était le *nec plus ultra* des institutions libérales. La liberté de la tribune devait tenir lieu de toutes les autres, mais la tribune n'étant accessible qu'aux représentants des électeurs censitaires constituant le pays légal, c'est-à-dire aux privilégiés de la fortune, l'exercice de la souveraineté n'était pas, même fictivement entre les mains de la nation, et ce régime bâtard n'était pas de nature à donner aux aspirations populaires une satisfaction légitime; la révolution de 1848 renversa ce système et y substitua le suffrage universel.

Le principe de la souveraineté du peuple s'affirmait, mais l'exercice en est resté limité à la nomination des représentants.

Peu après le vote de la constitution de 1848, l'Assemblée législative apportait des restrictions au suffrage universel, par la loi du 31 mai, et donnait par là un prétexte au coup d'Etat de décembre 1851, qui fit rentrer la France sous le régime des constitutions octroyées. Alors la souveraineté nationale n'est plus qu'un mot, le pouvoir exécutif domine tous les autres pouvoirs, qui ne sont que des satellites entraînés dans l'orbite du chef de l'Etat; les candidatures officielles enlèvent même au suffrage universel le semblant d'indépendance qu'il pouvait avoir; la Constitution garantit les principes de 1789, mais l'exercice des droits du citoyen est subordonné à la volonté de l'Empereur; tout émane de celui-ci, tout se rapporte à lui.

La constitution impériale, modifiée par plusieurs sénatus-consulte, qui avaient un peu élargi' notamment en 1869, le cercle étroit des libertés politiques, est tombée avec le régime qui l'avait créée. Aujourd'hui la France n'a plus de constitution, plus ou presque plus de lois organiques; elle est gouvernée par une Assemblée qui se dit souveraine et s'attribue le pouvoir constituant, sans être en état de l'exercer, et par le Pouvoir exécutif, fonctionnant sous la surveillance de l'Assemblée, sans initiative, sans autre force que la force d'inertie, sans prestige d'aucune sorte, sans influence sur le pays.

Une telle situation ne saurait durer; il y a cependant, en cela comme en toute chose, un bon côté, et un enseignement utile à tirer, c'est que la France peut se passer de ce pouvoir fort qui est le rêve de nos hommes d'État; et qu'en

France, comme en d'autres pays, la nation pourrait faire ses affaires elle-même : il lui suffit de le vouloir.

Jamais moment n'a été plus favorable pour donner enfin à la France l'organisation politique qui lui convient, pour réaliser le problème du gouvernement du pays par le pays, pour remettre, en un mot, la souveraineté dans les mains de ceux à qui elle appartient, et pour les mettre à même de l'exercer dans l'intérêt de tous.

La seule forme de gouvernement qui puisse résoudre ce problème, c'est la République démocratique.

La République démocratique offre plusieurs nuances : d'abord la démocratie pure, dans laquelle le peuple gouverne directement et vote lui-même les lois et les principales mesures d'exécution. Le pouvoir exécutif exécute dans leurs détails les ordres du peuple. Ce mode de gouvernement est bien certainement le type, le modèle de ce qui devrait être. Cependant il ne peut fonctionner régulièrement que si tous les citoyens peuvent facilement exercer leurs droits ; du moment où ceux-ci éprouveraient de trop grandes difficultés et où on les appellerait trop souvent à remplir leurs fonctions politiques, au détriment de leur existence matérielle et du travail journalier, la constitution donnerait une position trop favorable aux riches, aux oisifs et aux intrigants. Ces difficultés n'existent pas dans les petits pays ; mais il n'est pas facile de mettre en œuvre cette institution dans les pays d'une certaine étendue, et la démocratie pure se transforme alors en démocratie représentative. Les citoyens, au lieu de se réunir en assemblées générales pour voter eux-mêmes les lois, délèguent leurs pouvoirs à des *mandataires*, qui sont leurs *représentants*. Mais ici se pose immédiatement une question, que nous traiterons spécialement dans la seconde partie de ce travail, celle de l'étendue du mandat et de la révocabilité, en d'autres termes la question du mandat impératif. Elle se rattache directement à la question de l'exercice de la souveraineté, car, suivant qu'on la résout affirmativement ou négativement, on peut dire que le droit souverain continue d'être exercé par ceux à qui il appartient, ou qu'il est transféré entièrement à ceux qui n'en doivent être que les dépositaires.

On ne peut traiter ces questions qu'en se dégageant de toute idée préconçue, de tout esprit de parti, pour ne s'inspirer que de ce qui est juste. C'est donc en nous plaçant en dehors et au-dessus de tous les partis, en n'écoutant que ce que nous croyons être la justice, que nous voulons chercher une solution qui intéresse à un si haut degré l'avenir de notre pays et de l'humanité tout entière.

Il est hors de contestation aujourd'hui que la souveraineté appartient au peuple, dans son sens le plus général, c'est-à-dire à *tous*, sans autre distinction que celle qu'apporte la loi sur la capacité des citoyens. Il est également hors de contestation que l'exercice direct de la souveraineté par tous est le seul mode qui satisfasse pleinement au droit naturel; mais il est vrai aussi que ce mode rencontre dans la pratique des obstacles et qu'il devient presque une impossibilité. Une transaction est nécessaire : celle qui consiste à déléguer à des représentants est-elle conforme aux idées de justice? Non assurément, si les citoyens n'ont d'autre fonction à remplir que celle d'élire leurs représentants; et si ces derniers, une fois nommés et constitués régulièrement, exercent seuls la souveraineté, dans les limites constitutionnelles, sans aucun autre contrôle; si les citoyens n'ont ni approbation, ni improbation à manifester; si le seul blâme qu'ils peuvent infliger à leurs mandataires consiste à ne pas les réélire, comme cela a lieu dans le système qui nous régit actueltuellement.

La constitution de 1791, en déclarant que la souveraineté une, indivisible, inaliénable et imprescriptible, appartient à la nation, a proclamé un principe que personne aujourd'hui ne saurait contester, et que les partisans du droit divin sont eux-mêmes forcés de reconnaître.

Ce principe sera éternellement vrai, et, pour lui donner satisfaction, il est nécessaire, si le peuple se fait représenter, que l'action de ses représentants soit toujours subordonnée à la sienne. Une assemblée de députés, quelle qu'elle soit, n'est donc pas souveraine; elle ne peut représenter que la volonté du souverain, c'est-à-dire du peuple, et par conséquent lui rester subordonnée : cette assemblée ne peut prendre aucune décision générale ni voter aucune loi, sans en référer à ses mandants dont la ratification est indispensable pour donner à la décision ou à la loi un caractère exécutoire.

Quoi de plus simple que le mode adopté par la constitution du 24 juin 1793, rappelée plus haut, mode qui consiste à envoyer à toutes les communes les lois proposées, afin d'en soumettre le principe au vote préalable de la nation, et de lui soumettre également plus tard le texte définitif adopté par ses représentants, ce que ne prescrivait pas la constitution de 1793?

Objectera-t-on que l'on fatiguera les citoyens par des votations trop fréquentes, auxquelles on ôtera ainsi le caractère sérieux qui est la première condition de la vie politique d'un peuple libre?

Nous répondrons que cette objection tombe d'elle-même, si l'on considère que la commune et le département décident par eux-mêmes de tout ce qui les intéresse exclusivement, ou, pour être plus précis, de tout ce qui ne préjudicie pas à l'intérêt public, les lois générales seules devront être soumises à la sanction des citoyens, qui, déjà exercés par la pratique des affaires locales, n'éprouveront aucune difficulté à traiter également les affaires publiques, qui sont les leurs, en définitive, aussi bien que les affaires ocales, et les intéressent souvent à un bien plus haut degré, comme, par exemple, une question de paix ou de guerre.

Appliquons donc résolûment à la situation extrême de la France le seul remède qui puisse la sauver : la liberté partout et en tout.

Liberté de la commune; liberté du département. Comme conséquence, restriction de l'Etat à ses attributions strictement indispensables; en un mot, gouvernement direct à tous les degrés.

Secouons notre torpeur, mettons-nous à l'œuvre, sachons faire nous-mêmes nos affaires: nous montrerons ainsi que la France est toujours une grande nation, et le peuple français reprendra en Europe, par la voie la plus pacifique, le premier rang qui lui a appartenu si longtemps, et qu'aucun autre peuple ne saurait occuper à sa place, celui de flambeau de l'humanité.

PARIS. — IMP. VICTOR GOUPY, RUE GARANCIÈRE, 5.

www.ingramcontent.com/pod-product-compliance
Ingram Content Group UK Ltd.
Pitfield, Milton Keynes, MK11 3LW, UK
UKHW020221180726
13838UKWH00005B/2132

9 782329 064727